## Yvon TABURET

Editions ART ET COMEDIE

3 rue de Marivaux

75002 PARIS

Tous droits de reproduction, d'adaptation
et de traduction réservés pour tous pays
**ISBN** : 2-84422-023-1
© Editions théâtrales **ART ET COMEDIE** 1998

# Personnages

**Pierre** - Le père
**Martine** - La mère
**Charlotte** - La fille
**Élise** - La belle-sœur
**Valentine** - La mamie

**Nanard** - Le père
**Solange** - La mère
**Gaby** - La fille
**David** - Le copain de la fille (ce rôle peut être "féminisé")
**Timothée** - Le pépé

# Décor

Un intérieur de chalet, une salle à manger. Dans un coin, un fauteuil.

# Acte 1

*Une vieille dame dort dans le fauteuil.*

**Voix off** - Pierre ! Pierre !

**Pierre** - Alors six verres à pied, six verres à pied, oh il y a même les flûtes à champagne, mais ils sont sacrement équipés dans ce chalet, c'est merveilleux ! si ça se trouve, il y a même un seau à glace... mais oui ! qu'est-ce que je disais... alors là, bravo, ils ont pensé à tout, chapeau l'organisation !

**Martine** - Pierre, mais qu'est-ce que tu fais, tu ne peux pas répondre quand je t'appelle, tu es sourd *(Entrant.)* ou quoi ?

**Pierre** - Non, rassure-toi Martine, le virus de la surdité n'existe pas encore, donc pas de danger que je l'attrape, ce n'est pas parce que ta mère est là que... *(S'apercevant que la mamie dort dans le fauteuil, il tape sur le seau à glace. D'une voix forte.)* S'il vous plaît, contrôle des billets, contrôle des billets.

*La mamie continue de dormir.*

**Pierre** *(la secouant)* - Montparnasse, Montparnasse, le train arrive à destination...

**Martine** - Pierre, voyons cesse de la taquiner ainsi, tu n'es pas gentil.

**Mamie** - Qu'est-ce que c'est ? Oh c'est vous Pierre, j'ai dû m'assoupir.

**Pierre** - Alors, Mamie, on a fait son gros dodo.

**Mamie** - Vous avez raison, il est encore trop tôt.

**Pierre** - Non je dis, on a fait son gros dodo ?

**Mamie** - Aller faire de la moto, à cette heure-ci, vous n'y pensez pas !

**Pierre** - Mais qui vous parle de moto, je vous demande simplement...

**Martine** - Pierre, je t'en prie, cesse de l'embêter. Maman si tu souhaites te relaxer un peu, tu seras bien mieux dans la chambre que je t'ai préparée.

**Pierre** - C'est ça Mamie, allez recharger un peu vos batteries là-haut. Comme ça vous reviendrez en pleine forme pour fêter le réveillon.

**Mamie** - Mais non, mon gendre détrompez-vous, je n'ai pas du tout les oreillons.

**Pierre** - J'ai dit le réveillon pas les oreillons parce que les oreillons, à mon avis ça doit faire un moment que vous avez dû les avoir...

**Martine** - Monte Maman, tu trouveras ta valise dans la pièce du fond.

**Pierre** - Attention mamie, la pièce du fond pas la fesse du pion ! Martine, tu ferais bien d'accompagner Mamie, sinon tu risques de la trouver endormie au milieu de l'escalier.

**Martine** - Tu exagères Pierre, tu verras qu'après un moment de récupération, elle va nous revenir en pleine forme. Si ça se trouve, c'est elle qui te couchera cette nuit.

**Pierre** - Ça c'est bien possible, increvable la mamie, elle consomme presque rien mais qu'est-ce qu'elle tient la route ! Pas vrai Mamie hein, bon pied bon œil !

**Mamie** - Qu'est-ce que vous dites mon petit Pierre, vous entendez les pompiers ? Vous m'inquiétez, je n'entends rien ou alors je deviens sourde.

**Pierre** *(acquiesçant lourdement de la tête)* - Mais oui Mamie ça doit être ça.

**Martine** - Allez viens Maman je t'accompagne.

*Mamie sort, suivie de Martine.*

**Pierre** - Tu en profiteras pour rappeler à ta charmante sœur que sa valise est toujours ici, mais... et ça ? *(Il désigne un sac.)* Ce sont les affaires de Charlotte, ma parole, on me prend pour qui dans cette maison, pour le larbin de service !

**Martine** - Ne te bile pas ainsi. Élise va certainement venir chercher ses affaires, je vais le lui rappeler. Quant à Charlotte, je préfère attendre qu'elle soit revenue à de meilleures dispositions.

**Pierre** - Dis-lui que si elle ne descend pas, c'est son père qui va venir la chercher par la peau des fesses, non mais c'est incroyable, ce n'est qu'une gamine et il faudrait qu'on se plie à tous ses caprices et puis quoi encore !

**MARTINE** - Il est vrai que la perspective de réveillonner avec nous ne l'enchante guère.

**PIERRE** - On ne peut pas avoir le beurre et l'argent du beurre. Mademoiselle adore skier, accepte qu'on lui paie ses forfaits et ses équipements et dans le même temps, elle aurait voulu réveillonner à Paris, et surtout pas avec ses vieux parents, bien trop ringards bien trop "has been" comme elle dit.

**MARTINE** - C'est vrai que si elle avait pu bénéficier de l'appartement...

**PIERRE** - Mais je rêve, j'hallucine, tu as vraiment la mémoire courte ma pauvre Martine, l'expérience de la semaine dernière ne t'a donc pas suffit ? Rappelle-toi dans quel état on a retrouvé l'appartement, les bouteilles de coca dans l'aquarium... Demande aux poissons, ils s'en souviennent encore... et les mégots dans les plantes vertes, c'était décoratif, je te l'accorde, tout aussi décoratif que les traces de porto sur la moquette, je ne te reparlerai pas du petit saligaud qui s'est mouché dans les rideaux, encore moins de celui qui a réussi à vomir dans notre lit, il est vrai qu'il a eu la délicatesse de recouvrir son petit cadeau du couvre-lit... charmante intention !

**MARTINE** - Mais Pierre, tu avoueras que Charlotte n'est pas responsable du comportement de ses camarades.

**PIERRE** - C'est vrai, je suis d'accord, néanmoins après une telle expérience n'importe qui peut également comprendre que je rechigne à lui laisser l'appartement. Après tout ce n'est pas un si grand châtiment que de venir passer huit jours en famille à la neige. De toute manière, je ne la séquestre pas, que je sache, si elle veut sortir ce soir libre à elle de le faire.

**Martine** - C'est entendu, Pierre, mais sois un peu indulgent, rappelle-toi que toi aussi tu as été jeune.

**Pierre** - On dirait que tu t'adresses à Mathusalem, merci c'est agréable.

**Martine** - Qu'est-ce que tu peux être susceptible ce soir.

**Pierre** - Pardonne-moi, ce doit être la fatigue de la route, mais ne t'inquiète pas, ça ira mieux l'année prochaine.

**Martine** - Je préfère ça, allez, à tout de suite.

**Pierre** - Alors où en étais-je ? Ah oui, voilà ma liste, voyons voir... assiettes, plats, casseroles parfait ! Tiens, voilà ma chère belle sœur... Alors Élise, que pensez-vous de l'endroit, n'est-ce pas paradisiaque ?

**Élise** - Vous savez Pierre, ici ou ailleurs quelle importance.

**Pierre** - Allons, allons, pas d'humeur chagrine un soir comme celui-là, voyons, que demander de plus, un réveillon de rêve dans un cadre idyllique ! Et demain à nous l'ivresse des sommets, à nous les descentes vertigineuses dans un site enchanteur.

**Élise** - Pas la peine de me réciter le dépliant publicitaire, vous l'avez appris par cœur pour pouvoir m'épater ou quoi ?

**Pierre** - Mais non, pas du tout, je disais ça comme ça, je ne...

**Élise** - Cessez de mentir, de vouloir toujours vous justifier, de toute façon, je n'en ai rien à fiche, je n'aime pas la neige.

**Pierre** - Ça tombe bien, vous garderez Mamie pendant que nous irons skier.

ÉLISE - Ainsi c'est donc ça, je comprends maintenant votre insistance, vous m'avez embarquée uniquement pour que je m'occupe de maman pendant que vous irez vous pavaner sur les pistes.

PIERRE - Mais c'est de l'humour, c'est pour rire ma chère Élise, cessez donc de tout prendre à la lettre ! Non, non, ne vous fâchez pas, ça aussi c'est de l'humour, vous savez pertinemment que Mamie est assez grande pour se garder toute seule. Non, vous êtes venue avec nous parce que nous ne voulions pas que vous vous retrouviez toute seule, un soir comme celui-là, voilà tout.

ÉLISE - Le coup de la pitié à présent, décidément mon pauvre Pierre, ce ne sont pas le tact et la délicatesse qui vous étouffent.

PIERRE - Mais non, ma chère Élise, vous vous méprenez, ne refusez pas de grâce, l'estime et l'affection que...

ÉLISE - Je vous en prie assez d'hypocrisie, voilà bien un discours typiquement masculin, un discours machiste enrobé de paternalisme. Je n'ai absolument pas besoin de votre pseudo-protection. Vous, les hommes, vous passez votre temps à nous infantiliser, à nous surprotéger. Serait-ce pour masquer votre propre insécurité ou alors peut-être pour mieux nous aliéner et nous maintenir dans notre condition d'exploitée ?

PIERRE - Pardon ?

ÉLISE - Vous m'avez très bien comprise !

PIERRE - Ma chère belle-sœur, lorsque vous êtes descendue, le pauvre macho, exploiteur, phallocrate et paternaliste que je suis, pensait vous aider à porter vos affaires, mais je m'aperçois que mon intention était inconsciemment malveillante puisqu'elle aurait renforcé votre "aliénation". Je ne voudrais surtout pas vous maintenir dans une situation de dépendance vis à vis de la gente masculine. Chère Élise, vous m'avez éclairé, soyez-en remerciée, je m'efforcerai à présent de respecter vos idées féministes, soyez assurée que je ne vous proposerai plus mon aide en aucune circonstance et si d'aventure, je me laissais aller à vous présenter un plat, à vous ouvrir une porte ou à vous complimenter sur votre toilette... Je vous en conjure, rappelez-moi à l'ordre. Je compte sur vous.

**Élise** *(prenant ses affaires)* - Rassurez-vous, je ne vous demanderai rien.

*Elle sort.*

**Pierre** - Et bien ça promet... Je sens que nous allons passer un superbe réveillon dans une ambiance chaleureuse et épanouie ; entre une belle-sœur complètement dingue et rabat-joie et une fille qui va nous faire la soupe à la grimace toute la soirée, je vois d'ici le tableau ! C'est pas "Bonne Année" qu'on devrait se dire c'est "Bon Courage" ! Il va falloir que je trouve des arguments pour me remonter le moral. *(Il fouille dans un carton, en sort trois ou quatre bouteilles.)* Ah Saint Estèphe 78 ! Ce pinard, il est comme moi, il a besoin de respirer. *(Il débouche deux ou trois bouteilles, qu'il dépose délicatement dans un coin... Prenant une bouteille de champagne.)* Et celui-là, penser à le mettre au frais. *(Il se dirige vers la cuisine, puis se ravisant.)* Suis-je bête, lorsqu'on est à la montagne, y a-t-il meilleur réfrigérateur que dehors ?

*Il s'empare du seau à glace, et se dirige vers la porte d'entrée, il sort.*

*Entrée de Charlotte, elle vient chercher ses affaires, elle s'apprête à sortir lorsque Pierre entre à nouveau.*

**Pierre** - Ah Charlotte ! *(Charlotte ne répond pas.)* Charlotte !

**Charlotte** - Ne crie pas, je t'entends !

**Pierre** - Ah, tout de même !

**Charlotte** - Qu'est-ce qu'il y a ?

**Pierre** - Lorsque tu auras monté tes affaires, pourras-tu redescendre me donner un coup de main, on a une bourriche d'huîtres à ouvrir.

**Charlotte** - Ah ! Je comprends pourquoi tu as voulu que je vienne.

**Pierre** - Ah non ! Tu ne vas pas t'y mettre toi aussi, j'en ai ras la casquette de me faire traiter d'esclavagiste, de négrier, c'est une véritable coalition, ma parole, vous avez décidé d'avoir ma peau ou quoi ?

**Charlotte** - Si tu n'es pas content, ne t'en prends qu'à toi-même, tu n'avais qu'à me laisser l'appart, mais non, mon cher papa m'a trouvée trop petite, mon cher papa pense que sa fifille ne peut pas organiser un réveillon toute seule, alors mon cher papa qui me juge trop immature pour rester à la maison doit bien comprendre que je le suis certainement aussi pour ouvrir les huîtres ou pour préparer quoique ce soit.

**Pierre** - Ecoute, Charlotte tu ne vas pas continuer à faire la gueule tout le séjour. T'ai-je forcé à venir avec nous, peux-tu me le dire ?

CHARLOTTE - Non, mais j'aurais très bien pu réveillonner à Paris et vous rejoindre ensuite par le train.

PIERRE - Effectivement, si tu avais réservé suffisamment à l'avance, c'eût été possible, mais à cette période de l'année, tout était complet depuis belle lurette, tu aurais dû t'en douter, et encore aurait-il fallu que tu trouves quelqu'un pour t'inviter, parce que tu te doutes bien qu'il était hors de question de te laisser l'appartement. Je veux bien être cool, comme tu le dis si bien, mais vois-tu, il y a des limites.

CHARLOTTE - Ça je m'en rends compte qu'il y a des limites, des limites à l'intelligence et à la compréhension. Tout le monde n'a pas la chance d'avoir des parents prix Nobel.

PIERRE - Et tout le monde n'a pas la chance d'avoir des enfants respectueux.

CHARLOTTE - Si on recherche le respect, encore faut-il respecter les autres.

PIERRE - Et laisser son appartement se transformer en déchetterie ? La prochaine fois que tu as l'intention d'inviter tes amis, préviens-moi, je vous ferai livrer le contenu d'une tonne à lisier, comme ça vous vous sentirez tout de suite à l'aise !

CHARLOTTE - Je reconnais bien là ta générosité sans limite, mon cher papa.

PIERRE *(sort son mouchoir et l'agite)* - Stop, Charlotte, drapeau blanc ! Tu veux bien qu'on signe l'armistice ? On ne va pas commencer l'année comme ça, tout de même !

CHARLOTTE - Mais c'est toi aussi !

**Pierre** - C'est toi, c'est moi, c'est nous deux... Allez, un petit bisou à son papounet et qui c'est qui arrivera le premier demain en bas de la piste rouge, c'est le papounet !

**Charlotte** - Alors là, j'aimerais voir ça !

**Pierre** - Et qui c'est qui dira : "Papa, sois sympa, attends-moi" c'est la fifille !

**Charlotte** - Ça me ferait mal, on parie ?

**Pierre** - Chiche ! Le dernier arrivé, paie l'apéro au pied des pistes.

**Charlotte** - D'accord papounet, commence à t'entraîner parce que demain ça va être dur pour toi.

*Elle prend ses affaires et s'apprête à sortir.*

**Pierre** - Charlotte !

**Charlotte** - Oui ?

**Pierre** - Tu sais, je voulais te dire...

**Charlotte** *(avec un sourire)* - Je sais papounet, moi aussi.

*Elle sort.*

**Pierre** *(seul, il consulte un baromètre mural)* - Ah, le baromètre de la bonne humeur revient sur le beau fixe, la dépression s'éloigne... Finalement, nous allons peut-être passer un joyeux réveillon, ça s'arrose ! *(Il sort les flûtes à champagne et les met sur la table.)* Il est temps que j'aille préparer les toasts.

*Il sort. Entrée de Nanard, Solange et Pépé.*

**Nanard** *(entrant)* - Quel accueil, mes enfants, quel accueil, y'a pas à dire, ils font bien les choses, tu vois la patronne tu avais tort de critiquer, toi qui disais que le gars de l'Agence avait l'air de planer, et bien non, tu vois, ben non... C'est vraiment gentil de leur part d'offrir le champagne à leurs clients. Si, si, tu sais ils n'étaient pas obligés, j'apprécie, vraiment je trouve ça bien.

**SOLANGE** - C'est vrai Nanard, c'est comme tu le dis. Comme quoi tout le monde peut s'tromper.

**NANARD** - Comme dit pépé "l'horreur est humaine" pas vrai Pépé ?

**PÉPÉ** - Aller à la fête foraine, il n'en est pas question !

*Il s'installe dans le fauteuil et s'y agrippe.*

**NANARD** - Pas la peine de t'agripper à ton fauteuil Pépé, t'inquiète pas, *(Il crie.)* t'iras pas dans les auto-tamponneuses !

**PÉPÉ** - Mettre mes fesses dans la poudreuse ? T'as qu'à croire tiens... Mais toi, je t'y verrais bien.

**NANARD** *(à Solange)* - Des fois, j'ai l'impression qu'il se fiche de moi le pépé.

**SOLANGE** - Mais non, tu te fais des idées, dis donc, t'es en train de le couver ton seau à champagne, tu sais, tu peux toujours attendre, il ne va pas faire des petits.

**NANARD** - Oh, arrête de me chambrer.

**SOLANGE** - C'est la bouteille que t'es en train de chambrer, paie donc un coup avant que ça refroidisse !

**NANARD** - Sacré Solange, toi t'es une sacrée ! Elle perd jamais une occasion de lever l'coude, elle craint pas la tendinite, la patronne, c'est bien la fille de son père, pas vrai Pépé ?

*Pépé ne répond pas, désigne la bouteille.*

**NANARD** - Oh ! Pépé aussi a envie de goûter les bulles. Allez, vous m'avez convaincu ! *(Il débouche la bouteille.)* Un petit coup pour la route, histoire de s'mettre en bouche en attendant la nouvelle année. *(Il sert et lève son verre.)* A la santé du con qui paie.

*Ils boivent. Entrée de Martine, elle porte une pile de serviettes qui lui masquent la vue.*

**MARTINE** - C'est bien pratique qu'il y ait deux salles de bain, lorsque nous reviendrons des pistes de ski, nous saurons apprécier ce genre de confort. Chéri, peux-tu m'agrafer, s'il te plaît ? *(Elle se tourne, portant toujours sa pile de serviettes, laissant apparaître son dos nu et sa robe dégrafée. Nanard se déplace et commence à reboutonner la robe.)* Oh chéri, qu'est-ce que tu as les mains froides !

**SOLANGE** - Ça j'l'ai toujours dit. Nanard, il a les mains froides.

*Martine se retourne vers Solange, puis voit Nanard, elle hurle, lâche sa pile de serviettes et s'en va en courant.*

**NANARD** - Mais qu'est-ce qu'elle a, à hurler comme ça, ce n'est tout de même pas parce que j'ai les mains froides.

*Il se frotte les mains vigoureusement. Irruption d'Élise.*

**ÉLISE** - Martine, qu'est-ce que... mais qu'est-ce que vous faites là ?

**NANARD** - Je me réchauffe les mains parce que figurez-vous qu'il parait que j'ai les mains froides.

**ÉLISE** *(à Solange)* - Et vous qu'est-ce que vous faites ?

*Le pépé, après avoir vidé son verre, se ressert.*

**Solange** - Oh doucement Pépé, si tu veux réveillonner, ne prends pas trop d'avance.

**Élise** - Mais qu'est-ce que vous faites, je vous parle !

**Solange** - Qu'est-ce que je fais ? J'essaie de raisonner le pépé parce que sinon dès qu'on a le dos tourné, il fait comme les éponges, il s'imbibe, il s'imbibe.

**Élise** - Je ne parle pas de ça, je m'en contrefiche de votre éponge, je vous demande qu'est-ce que vous faites là ?

**Nanard** - Dites donc ma petite dame, ça ne vous empêche pas d'être polie avec le pépé. C'est plutôt à vous qu'il faudrait demander ça !

*Entrée de Pierre et de Martine.*

**Pierre** - Mais enfin, qu'est-ce qu'il se passe ici ? Quelqu'un pourrait-il m'expliquer ?

**Élise** - Je crains que nous ne soyons en présence de squatters, de SDF mal intentionnés et sans scrupules qui ont jeté leur dévolu sur cette maison.

**Nanard** - On a rien jeté du tout !

**Élise** - Mon cher Pierre, constatez ! Ces romanichels ne vous ont pas attendu pour trinquer à votre santé. *(Le pépé s'apprête à reprendre un verre, Élise l'en empêche.)* Mais enfin, je vous en prie, arrêtez un peu, ça en devient indécent.

**Solange** - Oh là doucement, on ne martyrise pas le pépé ! On veut bien être gentille et vous écouter, mais il ne faut pas embêter le pépé, compris ?

**Pierre** - Non mais dites donc, vous n'êtes pas gênés. Vous faites intrusion sans prévenir et comme si cela ne suffisait pas, vous sirotez allègrement mon champagne, qu'est-ce que vous voudriez en plus, que je vous gratte le dos ?

**Nanard** - Pourquoi pas, j'ai bien gratté celui de la petite dame.

**Pierre** - Pardon ?

**Nanard** - Oh mais pas longtemps, elle m'a dit que j'avais les mains froides.

**Pierre** *(à Martine)* - Mais qu'est-ce qu'il raconte ?

**Martine** - C'est vrai qu'il avait les mains froides.

**Solange** - Je l'ai toujours dit, le Nanard, c'est pas de sa faute, il a toujours les mains froides, je me rappelle au début de notre mariage…

**Élise** - Pierre ne vous laissez pas embarquer dans ces salades, virez-les, un point c'est tout, qu'on n'en parle plus !

**Pierre** - Vous avez raison Élise. Ecoutez, je n'ai pas l'intention de faire de l'esclandre, aussi vous prierais-je courtoisement, mais fermement de bien vouloir nous laisser. Vous comprendrez qu'un soir comme celui-là, nous souhaiterions conserver une certaine intimité familiale !

**Nanard** - Vous excitez pas mon p'tit père parce que moi aussi je peux m'énerver c'est facile, mais m'est avis que si on commence à s'taper sur la gueule, on arrivera à pas grand-chose alors vaudrait mieux s'écouter si on veut s'entendre !

**Élise** - Ne vous laissez pas embobiner Pierre, il cherche à vous avoir, réagissez, pour une fois qu'on vous demande d'être un homme !

SOLANGE - Oh, elle va se calmer celle-là, elle va finir par en manger deux, à force d'exciter tout le monde.

ÉLISE - Non mais dites donc je ne vous permets pas, espèce de harpie.

SOLANGE - Ça veut se donner des airs de duchesse et ça insulte le monde, c'est mal polie comme pas deux, c'est mal élevée ! Non, c'est même pas mal élevée, pire, c'est pas élevée du tout !

ÉLISE - Pierre, faites quelque chose, vous n'allez tout de même pas laisser cette gourgandine me traiter ainsi !

SOLANGE - Gourgandine toi-même, pouffiasse !

ÉLISE - Espèce de traînée... Vous n'êtes qu'une mère maquerelle.

PIERRE - Je vous en prie, calmez-vous.

ÉLISE - Oh vous, ça suffit !

*Elle le gifle.*

MARTINE - Élise, voyons calme-toi.

ÉLISE - Je n'ai jamais été traitée comme ça !

*Elle sanglote et sort.*

PIERRE - Allons bon, c'est moi qui suis frappé et c'est elle qui pleure !

SOLANGE - Bon débarras !

PIERRE - S'il vous plaît, on se calme, on ne va pas recommencer.

**Nanard** - Solange, calme ! Monsieur a raison, il est temps qu'on s'explique.

**Pierre** - Soit ! Allez-y, je vous écoute.

**Nanard** - Le champagne, on ne savait pas qu'il était à vous, on pensait que c'était un geste d'amitié, une petite attention offerte par le comité d'accueil.

**Pierre** - Une petite attention ? Voyez-vous ça !

**Nanard** - Essayez de vous mettre à notre place deux minutes, on ne savait pas qu'il y avait encore du monde. On pensait que vous étiez partis depuis longtemps.

**Pierre** - Partis, depuis longtemps ?

**Nanard** - Ben oui mais c'est pas bien grave, nous on n'est pas des tatillons, on ne va pas vous chercher des poux pour si peu, prenez votre temps, on sait ce que c'est, pour le ménage, pas la peine de faire les finitions on s'en arrangera. Moi je dis qu'il faut laisser propre, mais pas non plus exagérer, on va pas leur refaire les peintures et les tapisseries.

**Martine** - Qu'est-ce qu'il dit, Pierre, qu'est-ce qu'il dit ?

**Pierre** - Je crains de n'avoir moi-même pas tout saisi.

**Nanard** *(devant leur air ahuri, à Solange)* - Ils sont mignons, j'ai l'impression qu'avec eux, il faut arti-cu-ler.

**Solange** - Pas faire le ménage, vous laisser nous faire à votre place pendant que vous préparez départ.

**Martine** - Mais qu'est-ce qu'elle dit, Pierre ?

**Pierre** - Elle dit "pas ménage... vous laisser... nous faire à votre place".

**Martine** - Oui je sais mais pourquoi nous dit-elle ça ?

**Pierre** - Mais je n'en sais rien moi ! Pourquoi vous nous dites ça, vous savez nous n'avons pas du tout l'intention de partir.

**Nanard** - Pas l'intention de partir, ah, ah, on va réveillonner ensemble alors !

**Pierre** - Pardon !

**Nanard** - Non, je plaisante, je fais comme vous, dites donc, vous cachez bien votre jeu, avec votre côté cul serré, on dirait pas que vous êtes un blagueur.

**Solange** - Nanard, on dit pas cul serré, on dit pince sans rire.

**Nanard** - C'est du pareil au même, t'avoueras qu'il est fort non ?

**Pierre** - Mais vous savez, je ne plaisante pas, comme je vous l'ai dit, nous n'avons pas du tout l'intention de partir.

**Nanard** - Oh !

**Martine** - Ecoutez, nous sommes arrivés il y a une heure à peine, nous avons juste eu le temps de nous installer avant que vous n'arriviez.

**Solange** - Il y a une heure ? Pas dans ce chalet tout de même !

**Martine** - Mais si, je vous assure.

**Pierre** - Martine, ces messieurs dames se sont tout bonnement trompés d'adresse, il doit s'agir d'un autre chalet.

**Nanard** - Le Chalet du chemin du clos, vous ne pouvez pas vous tromper… Il n'y en a qu'un à cet endroit qu'il a dit le gars de l'Agence.

**Pierre** - Mais c'est exactement ce que nous a dit la demoiselle, qui nous a donné le trousseau de clé. Ecoutez, nous allons éclaircir cette affaire au plus tôt. *(Il cherche dans sa poche, sort un carton.)* J'ai ici le numéro de l'Agence, ne vous inquiétez pas, ils vont vous trouver une autre location. *(Il décroche le téléphone et compose un numéro.)* ... Ça ne répond pas, c'est bizarre.

**Nanard** - Mais non, ce n'est pas bizarre, à 20 heures, un 31 décembre, c'est une Agence de location, c'est pas SOS Amitié, ils ne vont pas rester au pied du téléphone en attendant de vous souhaiter une bonne année, faut les comprendre.

**Martine** - Dans ce cas, je crains que vous ne deviez trouver par vous-même, vous vous arrangerez avec l'Agence après.

**Solange** - Vous rigolez un 31 décembre, trouver une location, même une chambre d'hôtel on trouverait pas… Pas même un igloo, pas même une niche à chien ! Tout est complet depuis longtemps, vous savez depuis quand on a réservé ici, depuis le 15 octobre… oui Madame. Alors vous pensez si on va bouger. On y est, on y reste et il est pas né celui qui nous délogera, pas vrai Pépé ?

**Pépé** - Déjeuner à cette heure-ci ? Mais je croyais qu'on devait réveillonner !

**Solange** - T'inquiète pas Pépé, bien sûr que t'auras à manger.

**Pépé** - Pas question de déménager !

**Nanard** - Ah vous voyez si Pépé le dit !

**Pierre** - Mais écoutez ce n'est pas sérieux et puis d'abord nous étions là avant.

**Nanard** - Qu'est-ce que vous avez comme caisse ?

**Pierre** - Comme caisse ?

**Nanard** - Ben oui votre caisse, votre tire, votre charrette, vot' bagnole, vot' turbo c'est quoi ?

**Pierre** - Une Volvo 960 Break, mais pourquoi ?

**Nanard** - Alors là, votre argument "on est arrivé avant vous" ça ne tient pas la route, c'est le cas de le dire, vous savez ce que j'ai comme caisse moi ? Une 4 L, alors facile d'arriver avant quand on a une Volvo 960 Break, vraiment trop facile.

**Pierre** - Ecoutez, ce n'est tout de même pas ma faute si vous n'avez qu'une 4 L.

**Nanard** - N'empêche que si je vous la refile en échange avec les bagages, les skis et le pépé, vous verrez si pourrez dire "on est arrivé avant" non mais sans blague, faut comparer ce qui est comparable, pas vrai Solange ?

**Solange** - Ça c'est vrai Nanard, faut pas piper les dés.

**Martine** - Qu'est-ce que vous comptez faire ?

**Nanard** - Mais rien ma p'tite dame, rien et vous ?

**Martine** - Je ne sais pas moi, allez vous renseigner dans les hôtels, chez l'habitant.

**Solange** - Ecoutez, on a fait 800 bornes, on a les clés, on a payé on est chez nous. Moi je ne bouge pas !

**Martine** *(à Pierre)* - Mais dis-leur toi !

**Nanard** - Allez-y vous, crapahuter dans la neige à c't'heure-ci, allez-y on ne vous retient pas, la patronne elle a raison, on ne bouge pas, ce n'est pas parce qu'on est tombé sur des charlots à l'Agence qu'on doit payer les verres cassés.

**Solange** - Les pots cassés, Nanard pas les verres.

**Pierre** - C'est une vraie histoire de fous, soyez raisonnables, vous voyez bien qu'on ne peut décemment pas cohabiter.

**Solange** - Mon petit monsieur, il faut voir les choses en face. A cette heure, on ne fait plus ce qu'on veut, on fait ce qu'on peut, on est le 31 décembre, qu'on le veuille ou non, nous allons devoir nous supporter jusqu'à l'ouverture de l'Agence.

**Martine** - Vous voulez dire jusqu'à...

**Pierre** - Après demain ?

**Nanard** - Ben oui, elle a raison, de toute façon, on a pas le choix.

**Martine** - Mais comment fera-t-on pour le couchage ?

**Nanard** - A la guerre comme à la guerre, on arrivera bien à s'arranger.

**Pierre** - Martine !

**Martine** - Oui Pierre ?

**Pierre** - Martine, tu veux que je te le dise, j'ai le sentiment qu'on s'en souviendra de ce réveillon.

# FIN DE L'ACTE I

# Acte 2

*Sur scène, Charlotte et Mamie.*

**CHARLOTTE** - Je t'assure, Mamie, il vaut mieux que tu restes cool, ils sont tous en train d'aménager les chambres, si tu remontes, tu vas te faire piétiner.

**MAMIE** - Je ne savais pas que ton père avait des invités.

**CHARLOTTE** - Tu parles, des drôles d'invités ! Quand les parents m'ont dit ça, au début, je n'y croyais pas, j'ai pensé que c'était un gag, pour la caméra cachée ou quelque chose comme ça... La crise ! Dis donc, t'as vu qu'ils avaient eux aussi un beau jeune homme à peu près du même âge que toi, attention ne pas te faire draguer, Mamie ! Tu ne dis rien ! Allez dis-moi au moins si tu le trouves mignon, moi si j'étais à ta place, je n'hésiterais pas… Au moins à faire connaissance, ça t'engage à rien, qu'est-ce que t'en penses ? Dis quelque chose... Oh t'es pas marrante.

*Entrée d'Élise.*

**ÉLISE** - Encore en train d'embêter ta grand-mère, cesse donc de la harceler, je constate encore une fois ma petite, que des valeurs morales comme le respect n'ont malheureusement plus cours dans cette famille, oh, je ne te blâme pas, quand je vois le comportement de tes parents, de ton pauvre père notamment, ça ne m'étonne plus que tu fasses preuve d'autant d'effronterie.

**Charlotte** - Oh lâche-moi, tu veux, tu n'es pas ma mère.

**Élise** - Oh non, si je l'étais, crois-moi que tu aurais certainement bénéficié d'une autre éducation, ma pauvre petite.

**Charlotte** - Atterris, tante Élise, nous ne sommes plus au 19ème siècle, pas étonnant que tu n'aies toujours pas trouvé de mari, avec la souplesse de caractère que tu as, le plus adorable des garçons que je connais, ne ferait pas la semaine avec toi.

**Élise** - C'est ça, crache ton venin, vipère... Si ce n'est pas honteux d'entendre cela, petite impudente, tu ferais mieux de garder ton énergie pour nous aider à nous débarrasser de certaines personnes pour le moins indésirables.

**Charlotte** - Mets-toi à leur place, après tout ce n'est pas de leur faute si on en est là. Il faut savoir être souple, savoir faire des compromis comme le disait papa.

**Élise** - Ton père n'est qu'un faible, pas même capable d'exprimer un désaccord au lieu de cela, il s'aplatit servilement devant le premier envahisseur venu. Ah, si j'avais la force physique d'un homme, crois-moi que je les aurais flanqués dehors manu militari, ça n'aurait pas traîné.

**Charlotte** - Ma chère tante Élise, pardonne-moi de te le dire, je te trouve un peu excessive.

**Élise** - Enfin Charlotte, ces gens vont nous gâcher le réveillon, ça ne te dérange pas ?

**CHARLOTTE** - De toute façon, moi mon réveillon il était déjà gâché, j'en avais pris mon parti, alors réveillonner avec trois vieux de plus ou de moins, vois-tu cela m'indiffère complètement.

**ÉLISE** - Charlotte, ma petite, tu deviens de plus en plus impertinente et même franchement désagréable.

**CHARLOTTE** - Ah bon et pourquoi donc ?

**ÉLISE** - Parce que d'après toi, tes parents et moi-même serions des vieux ? Je te rappelle que j'ai tout de même trois ans de moins que ta mère, ma petite.

**CHARLOTTE** - Ah c'est donc pour ça que tu grimpes au rideau. Keep cool ma chère tante, non je ne dis pas que tu dois aller en gériatrie tout de suite, mais reconnais que tu n'es plus de la première fraîcheur. C'est la vie, ma chère tante, on ne peut être et avoir été.

**ÉLISE** - Je ne vais pas commencer à te dévoiler ma vie privée, mais sache que tout le monde ne partage pas forcément ton jugement ; figure-toi que certains me trouvent tout à fait séduisante, mais là n'est pas le propos, je pense qu'il nous faut réagir plus vigoureusement que ne l'a fait ton pauvre père.

*Arrivée de Pépé.*

**CHARLOTTE** *(en aparté à Mamie)* - Mamie, tiens-toi bien, voilà ton fiancé.

**MAMIE** - Mais non ma petite fille tu vois bien que ce n'est pas l'été.

**CHARLOTTE** - Je ne te parle pas de ça, Mamie je te dis : regarde le beau jeune homme.

MAMIE - Tu te trompes Charlotte, mais non ce n'est pas la bonne.

CHARLOTTE - Je n'ai pas dit la bonne, j'ai dit : le beau jeune homme.

ÉLISE - Cesse d'agacer ta grand-mère, tu deviens pénible Charlotte.

*Pendant ce temps, le pépé a vu la bouteille de Saint Estèphe, il prend la bouteille et un verre et il s'apprête à se servir.*

ÉLISE - Non mais dites donc ! Il ne faut pas vous gêner. *(Le pépé la regarde, émet un gloussement et s'apprête à nouveau à se resservir.)* Mais ma parole, il ne comprend rien, ce vieux gâteux ! Pas tou-cher ! Interdit ! Verboten qu'on vous dit !

*Arrivée de Nanard.*

NANARD - Pépé ! Pépé, ah te voilà, on te cherchait partout.

ÉLISE - Ah vous tombez bien vous ! Ce monsieur s'apprêtait à nous voler notre vin et je n'arrivais pas à lui faire entendre raison.

NANARD - Ben alors Pépé, prends pas dans la gamelle des autres, t'inquiète pas, nous aussi on a des munitions. *(Il lui prend la bouteille des mains, lit l'étiquette.)* Saint Estèphe 78 ! Ah ben y en a qui s'embêtent pas. *(Il donne un coup de coude à Élise.)* Vous avez vu le pépé, il a encore du nez ! Il n'aurait pas bu n'importe quoi !

ÉLISE - Ça vous fait rire, ce monsieur s'apprête à nous voler, et ça vous fait rire... Belle mentalité !

NANARD - Voler, voler... faut pas exagérer ! Et quand bien même il aurait bu un petit coup, ça n'aurait pas été une catastrophe.

**Élise** - Vous encouragez le vice et la délinquance, c'est tout bonnement scandaleux, non mais tu entends ça, Charlotte !

**Charlotte** - N'en fais donc pas un fromage pour si peu.

**Élise** - Donne-lui l'absolution pendant que tu y es.

**Nanard** - Pas besoin d'absolution, c'est pas du vin de messe, tout de même !

**Élise** - Mais il se moque ! Quelle outrecuidance !

**Nanard** - Mais non, je ne me moque pas, c'est vous, on plaisante et tout de suite vous montez sur votre quatre chevaux ! Demandez à la grand-mère, je suis sûr que ça ne l'a pas scandalisée. Si ça se trouve elle aurait bien trinqué avec le pépé. *(A Mamie.)* Pas vrai que vous auriez bien trinqué ?

**Mamie** - M'attaquer ? Mais Monsieur pourquoi voulez-vous m'attaquer ?

**Nanard** - Non, je dis que vous auriez bien trinqué !

**Mamie** - Mais qui voulez-vous matraquer ?

**Nanard** - Non je... Ah ça y est ! Bougez pas, j'ai compris, on a le même à la maison, ça c'est marrant, en fait, c'est bon signe, ils devraient pouvoir s'entendre.

**Élise** - Ecoutez, nous n'avons nullement l'intention de sympathiser avec vous, je crois d'ailleurs que le mieux serait que vous partiez.

**Nanard** - Qu'est-ce que vous racontez encore, on ne va pas remettre ça, on en a déjà discuté suffisamment. Ce n'est rigolo pour personne, vous savez... Pour nous, non plus, faut pas croire, on est tous dans la même pirogue, condamnés à ramer dans le même sens au moins jusqu'à lundi.

**CHARLOTTE** - La galère !

**NANARD** - Oui c'est vrai, c'est pas la pirogue, c'est la galère !

**ÉLISE** - Ecoutez, on ne peut pas cohabiter avec quelqu'un qui va venir voler dans notre assiette dès qu'on aura le dos tourné.

**NANARD** - Mais de quoi parlez-vous ?

**ÉLISE** - Je parle de ce monsieur que vous laissez divaguer, déambuler dans toute la maison et qui en profitera pour rapiner dès qu'on aura le dos tourné.

**NANARD** - C'est pas parce qu'il a voulu boire un petit coup qu'il faut l'accuser de tous les crimes, il a le dos large le pépé, mais faudrait voir à ne pas trop charger la mule, pas vrai Pépé ?

**PÉPÉ** - Qu'est-ce que tu dis mon gars ?

**NANARD** - Je dis qu'il ne faut pas trop charger la mule, pas vrai Pépé !

**PÉPÉ** - Faire des bulles ? Arrête de plaisanter, tu sais bien que ce n'est plus de mon âge.

**NANARD** - Sacré Pépé, toujours le mot pour rire, vous voyez bien qu'il n'est pas méchant Pépé.

**ÉLISE** - Je ne veux pas le savoir, que je ne le vois plus roder ici, un point c'est tout.

**NANARD** - Qu'est-ce que vous voulez que je fasse ? Que je l'attache, que je le garde en laisse ? T'entends ça Pépé ?

**Pépé** - Qu'est-ce que tu dis ?

**Nanard** - Je dis que des fois, t'as du pot d'être sourd, parce que si c'est pour entendre des bêtises pareilles !

**Élise** - Dites donc, je ne vous permets pas.

**Nanard** - Et bien moi, je me permets et quand je dis des bêtises, croyez-moi je reste poli.

**Élise** - Monsieur, vous êtes un mufle !

**Nanard** - Et vous une vieille rombière mal embouchée !

**Élise** - Charlotte, tu as entendu ce que ce monsieur vient de dire, tu as bien entendu, enregistre bien Charlotte parce que vous n'allez pas croire que je vais laisser passer cela, je vous attaquerai en justice pour injure et diffamation.

**Charlotte** - Viens Mamie, il est temps qu'on change d'air, tu ne trouves pas qu'on nous casse un peu trop les oreilles en ce moment ?

*Elles sortent.*

**Élise** - Vous feriez bien d'en faire autant, je vous conseille de ne pas trop traîner dans les parages, on aura assez le temps de se voir au tribunal, croyez-moi.

**Nanard** - Ouais... au tribunal des flagrants délires comme dit l'autre, et ce sera vous la présidente, je n'en doute pas. Allez viens Pépé, on va chercher une bouteille pour arroser ça.

*Ils sortent.*

**Élise** - Ah les malappris, les voyous, les vandales, me traiter ainsi, mon Dieu, comment ai-je pu mériter ça... Mais ils me le paieront, ils me le paieront.

*Entrée de Gaby et de David, ils portent un casque sous le bras et sont revêtus d'une combinaison de motards.*

**David** - Bonjour !

**Gaby** - Bonjour !

**Élise** - Qui êtes-vous ? Qu'est-ce que vous voulez ?

**David** - Oh là doucement, ne vous emballez pas, on cherche Nanard et Solange, vous ne les avez pas vus ?

**Élise** - Ce n'est pas ici, fichez le camp.

**Gaby** - Leur voiture est garée devant le chalet comme c'est la seule habitation…

**David** - Ils sont forcément là.

**Élise** - Fichez le camp, je vous dis ou j'appelle la police.

**David** - Allez-y, ne vous gênez pas, on a rien à se reprocher, qui êtes-vous d'abord ?

**Élise** - Quelqu'un qui aimerait bien réveillonner tranquillement sans être importunée toutes les cinq minutes.

**Gaby** - Vous connaissez Nanard et Solange ?

**Élise** - Jamais entendu parler, vous devez vous tromper.

**Gaby** - Mais enfin leur voiture est en bas, vous les avez forcément vus.

**Élise** - Je vous dis que je ne les connais pas, ils ont peut-être laissé leur voiture ici pour aller se promener à pied dans la montagne, vous savez de nos jours, les gens sont d'un sans-gêne, je vous assure, il faut le voir pour le croire, le nombre de promeneurs qui utilise ce parking privé comme parking municipal, c'est fou ! Alors de grâce, n'abusez pas de ma patience, je ne vous retiens pas, au revoir.

GABY - Tu crois qu'ils auraient été se promener dans la montagne, à cette heure, et le pépé ? Qu'est-ce qu'ils auraient fait du pépé ?

DAVID - T'as raison, il y a quelque chose qui cloche dans cette histoire.

GABY - Madame, dites-nous la vérité.

ÉLISE - Allez ça suffit, sortez !

*Entrée de Solange.*

SOLANGE - Ah les enfants, vous êtes là... Me voilà rassurée, ça s'est bien passé ?

GABY - Sans problème, maman, les seules difficultés on les a rencontrées uniquement en arrivant.

DAVID *(à Élise)* - Non mais, dites donc vous, si Solange n'était pas arrivée, vous nous auriez expédiés dehors et on se retrouvait à faire des pâtés dans la neige.

GABY - Vous savez que ce n'est pas beau de mentir.

SOLANGE - Qu'est-ce qu'elle vous a dit ?

DAVID - Figure-toi que Madame a prétendu ne pas te connaître, elle nous a même laissés sous-entendre que vous étiez partis en randonnée dans la montagne.

GABY - Je n'en reviens pas d'un tel toupet.

ÉLISE - Vous en avez encore beaucoup comme ça ? C'est incroyable mais ce n'est pas l'armée du salut ici !

SOLANGE - Ça fiche les gosses dehors et ça a encore le culot de la ramener.

ÉLISE - Je n'ai pas de leçon à recevoir de votre part, tenez-vous le pour dit.

SOLANGE - Non, mais vous vous rendez compte, vous avez failli les congeler et vous n'éprouvez aucun remords. Cette femme est un monstre !

ÉLISE - Dites donc, modérez votre langage.

DAVID - Solange a raison, vous êtes un monstre, un abominable sans cœur.

GABY - Ça vous dirait d'aller faire un bonhomme de neige, à cette heure-ci, vous verrez comme c'est agréable.

SOLANGE - Bonne idée, elle qui a le sang chaud, ça lui calmerait les ardeurs.

DAVID - Et pourquoi pas, on va lui donner l'occasion de se rafraîchir les idées.

GABY - Si Solange n'était pas intervenue, nous serions nous-mêmes dehors en train de poireauter.

DAVID - Et bien on va lui rendre la monnaie de sa pièce, allez-y voir dehors si on y est, quand vous nous aurez trouvés, vous reviendrez.

ÉLISE - Mais vous êtes malades !

**David** - Rassurez-vous, nous sommes en pleine forme.

*Il avance vers elle.*

**Élise** - Ne me touchez pas.

**David** - Tiens je vais me gêner. Gaby aide-moi !

*Ils la ceinturent et entreprennent de la porter.*

**Élise** - Au secours, à moi, au secours.

**Solange** - Ça suffit. *(Elle prend une pomme dans une corbeille, la lui met dans la bouche.)* Ah... c'est tout de même mieux comme ça... Allez-y mes enfants, emballez c'est pesé.

**David** - "Emballez" c'est vite dit, parce que celle-là avant de l'emballer, y a du boulot.

*Ils sortent. Irruption de Pierre.*

**Pierre** - Quelqu'un a crié ?

**Solange** - Mais pas du tout.

**Pierre** - Vous êtes sûre, il m'avait pourtant semblé entendre...

**Solange** - Des voix ?

**Pierre** - Je ne sais pas, j'ai dû rêver, si ça me reprenait, je vous autorise à m'appeler Jeanne D'arc.

**Solange** - Vous êtes un drôle vous, c'est curieux, au début quand on ne vous connaît pas, on ne s'y attend pas, vous gagnez à être connu comme on dit.

**Pierre** - Ce soir, j'aurais tout de même préféré gagner moins.

**Solange** - Pardon ?

**Pierre** - Non laissez... Bonsoir !

*Apercevant Gaby et David qui entrent.*

**Gaby et David** - Bonsoir.

**Pierre** *(à Solange)* - Vous les connaissez ?

**Solange** - Bien sûr, je vous présente ma fille et son copain, ils nous suivaient à moto.

**Pierre** - Et bien c'est Charlotte qui sera ravie, c'est ma fille, elle qui se désolait de ne réveillonner qu'avec des vieux croulants, finalement à quelque chose, malheur est bon.

*La sonnerie de la porte d'entrée retentit.*

**Pierre** - Qu'est-ce que c'est ? Vous attendez encore quelqu'un ?

**David** - Non, rassurez-vous, c'est une fille qui vend des calendriers, elle nous a tenu la grappe pendant une demi-heure, une vraie bernique, j'vous dis pas le mal qu'on a eu pour la décrocher, mais j'ai l'impression qu'elle n'a toujours pas compris.

**Pierre** - Et bien je vais lui expliquer.

**David** - N'en faites rien, c'est le genre de fille, un vrai pot de colle, une sangsue je vous dis... Si vous la laissez entrer dans deux heures elle sera encore là.

**Gaby** - David, peut-être que Monsieur aimerait réveillonner avec.

**Pierre** - Merci bien, question emmerdeuses j'ai déjà dépassé mon quota autorisé, vous m'avez convaincu.

**Martine** *(entrant)* - Enfin Pierre, n'entends-tu pas la sonnette ? Qu'est-ce que t'attends pour aller ouvrir ?

**Pierre** - Surtout pas ! C'est paraît-il une enquiquineuse de première.

**Martine** - Enquiquineuse ou pas, cette sonnerie est agaçante, j'y vais.

**Pierre** - Ne laisse pas entrer le loup dans la bergerie, Martine, j'ai comme un pressentiment.

**Martine** - Que veux-tu dire ?

**Pierre** - Je ne sais pas, j'ai l'impression que si tu ouvres, ce réveillon sera irrémédiablement gâché.

**Martine** - Mon pauvre Pierre, c'est fou comme tu peux être superstitieux.

**David** - Vous savez Madame, il n'a pas forcément tort.

**Martine** - En attendant, moi je ne supporte plus cette sonnerie, alors je vais, de ce pas, le lui dire et croyez-moi qu'elle n'est pas prête de franchir le seuil de cette maison.

**Gaby** - David, tu ne crois pas qu'il serait temps que nous allions visiter les lieux ?

**David** - J'allais te le proposer, Gaby.

*Ils sortent. Martine se dirige vers la porte d'entrée, elle l'ouvre et est bousculée par Élise qui déboule, furieuse.*

**Élise** - Où sont-ils ? Où sont-ils ? Ils vont me le payer.

**Pierre** - Mais c'est vous Élise ! Mais que faisiez-vous dehors à cette heure ?

**Élise** - Vous m'entendiez sonner et vous ne m'avez pas ouvert, vous aussi vous êtes complices, assassin !

**Pierre** - Ecoutez Élise, ceci n'est qu'un malentendu je...

*Élise, apercevant Solange.*

**Élise** - Ah vous êtes là ! Voilà la commanditaire du crime, où sont vos comparses ? Répondez, où sont-ils ?

**Solange** - Oh l'hystérique, ça suffit ! Lâchez-nous un peu ! Ça va bien comme ça !

**Martine** - Calme-toi Élise, je t'en prie calme-toi.

**Élise** - Tu voudrais que je me calme après ce qu'ils m'ont fait ?

**Pierre** - Mais que vous ont-ils fait au juste ?

**Élise** - Qu'est-ce qu'ils m'ont fait ? Ils m'ont traînée dehors, ils voulaient m'ensevelir sous la neige, me congeler, je vous dis qu'ils ont voulu m'assassiner, vous comprenez ça !

**Solange** - Z'aviez qu'à pas commencer ! Et puis d'abord qui c'est qui a mis mes gosses à la porte, dites un peu pour voir ?

**Élise** - Je refuse de voir cette femme plus longtemps, Dieu sait que je suis forte, que je peux endurer bien des humiliations mais alors là, c'en est trop, je m'en vais.

**Martine** - Élise, tu plaisantes, mais où irais-tu ? Et surtout comment ferais-tu sans voiture, tu n'as pas ton permis et...

**Élise** - Qu'importe, je ferai de l'auto-stop, je rentre à Paris.

**Pierre** - Chère Élise, vous ne pouvez pas faire ça ! Vous risqueriez de tomber sur n'importe qui, à cette heure, ce n'est pas prudent !

**Élise** - Pierre, je vous en prie, cessez de jouer les attentionnés puisque je sais pertinemment que mon sort vous indiffère.

**Pierre** - Mais détrompez-vous Élise, vous vous faites des idées, que voulez-vous que je fasse pour vous convaincre ? Que je me mette à vos genoux ? *(Il se met à genoux.)* Élise, ma belle-sœur préférée, je vous en conjure, restez !

**Élise** - Pierre, vous êtes grotesque, relevez-vous et cessez vos simagrées, si vous voulez que je reste, flanquez les autres à la porte.

**Pierre** - Ecoutez, c'est pas possible et vous le savez bien. Je ne peux pas les traîner dehors de force et légalement, ils ont tout autant que nous le droit de séjourner dans cette maison, patientez jusqu'à lundi, nous trouverons une solution.

**Élise** - Je ne veux plus les voir vous dis-je !

**Martine** - Comment faire, on ne va tout de même pas couper la maison en deux !

**Élise** - La voilà l'idée ! Martine, je sais bien que tu ne l'as pas fait exprès mais pour une fois, tu es géniale ! Ne bougez pas !

*Elle sort.*

**Martine** - Où va-t-elle donc ?

**Pierre** - Je ne sais pas, avec elle, il faut s'attendre à tout.

**Solange** - Dites, sans vous commander, faudrait penser à la faire soigner, elle est complètement fêlée la petite dame.

**Martine** - Je vous en prie ! Je ne vous permets pas de critiquer ainsi ma sœur, après tout nous n'en serions pas là si vous ne l'aviez provoquée.

40

**Solange** - Une marteau, je vous dis ! J'en aurais une comme ça à la maison, je te lui ficherais deux baffes pour commencer et une bonne douche froide pour la calmer.

**Pierre** - Tout le monde n'est pas obligé de partager vos conceptions éducatives, qui tout à fait entre nous me semblent un peu moyenâgeuses.

**Solange** - Vous rigolez, des clientes comme elle, il faut les passer au "Karcher" régulièrement pour leur décoller leur couche de connerie, si vous attendez trop longtemps, c'est foutu, parce qu'après la connerie, elle s'insinue, elle envahit, elle s'incruste et alors là, rien à faire, ça devient complètement irrécupérable.

**Martine** - Je n'ai jamais entendu un tel discours, Pierre, cette pauvre femme ne sait plus ce qu'elle dit.

*Élise rentre, elle porte un paravent.*

**Élise** - Puisqu'il nous faut subir la situation au moins, tâchons de limiter les dégâts, protégeons-nous la vue de certains êtres vulgaires et malfaisants, il est urgent de prendre des dispositions.

**Pierre** - Que comptez-vous faire ?

**Élise** - Nous protéger vous dis-je, mon petit Pierre, nous protéger tout simplement en mettant en place de légitimes défenses, tenez, aidez-moi.

*Elle déplie le paravent.*

**Pierre** - Que faites-vous ?

**Élise** - Ce que je fais, je vais vous le dire, je construis une ligne Maginot, un mur de Berlin, je vais délimiter une frontière inviolable comme ça chacun chez soi.

**Pierre** - Ecoutez c'est ridicule, vous ne pouvez pas faire ça !

**Élise** - Pierre, il n'y a pas trente-six alternatives, vous adhérez ou alors, je serai dans l'obligation de quitter cette maison sur-le-champ.

**Martine** - Pierre, je te préviens, il n'est pas question qu'Élise parte à l'aventure à cette heure indue.

**Pierre** - Martine, sois raisonnable, on ne va tout de même pas séparer cette maison en deux !

**Martine** - S'il s'agit de retrouver un peu d'intimité et de quiétude, pourquoi pas ? Je ne veux pas qu'Élise gâche son réveillon.

**Pierre** - Ecoutez-moi toutes les deux, on s'est un peu tous un peu énervé, c'est vrai, toutefois, nous sommes entre gens de bonne compagnie, j'en suis convaincu, aussi devrions-nous réussir à trouver un minimum d'entente qui nous éviterait de recourir à des solutions extrêmes.

**Élise** - Pas question, si c'est ça, je m'en vais.

**Martine** - Je te préviens que si elle s'en va, je pars avec elle.

**Pierre** - Soit, je m'incline, de toute manière, vous ne me laissez guère le choix. *(A Solange.)* Madame, nous allons devoir établir des règles strictes et pour commencer, essayons d'établir un partage équitable.

**Solange** - Et ben, on a qu'à faire comme vous dites, moi au fond ça m'arrange, en tout cas, ça m'évitera de voir sa tronche de cake à celle-là, c'est vrai elle commençait à me donner des boutons.

ÉLISE - Pierre, ne perdons pas de temps, inutile d'user votre salive avec cette poissonnière.

SOLANGE - La poissonnière, elle a sous les yeux une vieille morue mal séchée que même un maquereau ne voudrait pas. Allez rideau, on a plus rien à se dire, chacun dans son camp.

PIERRE - Il faut nous rendre à l'évidence, les compromis ne sont pas d'actualité. Puisqu'on doit trancher, tranchons. Alors, voyons, je propose qu'on partage la vaisselle pour commencer, voilà pour vous et voilà pour nous, ah mince, cela fait treize assiettes, ce n'est pas divisible, ça commence bien, voilà déjà un calcul qui pose problème.

SOLANGE *(elle prend une assiette)* - Bougez pas. *(Elle jette l'assiette par-dessus son épaule.)* Et voilà, il n'y a plus de problème, si vous avez d'autres soucis pour les verres et les plats, n'hésitez pas à me demander.

PIERRE - Et bien je constate que vous êtes plutôt expéditive.

ÉLISE - Vous ne l'aviez pas encore remarqué, mais vous découvrez l'eau tiède mon pauvre Pierre !

SOLANGE - Vous voulez qu'on partage et bien allons-y. *(Elle sort une pile de bols.)* A toi, à moi, à toi, à moi, à toi, à moi... Zut encore un nombre impair, allez pas de jaloux ! *(Elle le balance par-dessus son épaule. Elle ressort une pile d'assiettes.)* Assiettes à dessert ! Chaud devant ! Alors voyons, à toi, à moi, à toi, à moi... et encore un nombre impair, allez poubelle ! *(Elle balance l'assiette par-dessus son épaule.)* Allez on continue, les flûtes à champagne, je les avais oubliées celles-là.

**Martine** - Si vous trouvez un chiffre impair, ne vous inquiétez pas pour un verre en plus, on vous le cédera volontiers, ne soyons pas trop pointilleux.

**Solange** - Pas question, c'est vous qui avez voulu partager, alors on partage et on ne discute pas !

*Entrée de Nanard.*

**Nanard** - Allons bon, voilà autre chose ! À quoi vous jouez ?

**Solange** - On ne joue pas, on partage.

**Nanard** - D'accord, d'accord, si ça vous fait plaisir, je venais vous dire pour la cuisine, si vous avez quelque chose à faire cuire avant nous, allez-y parce que...

**Solange** - Ils ne passeront pas les premiers.

**Nanard** - Et pourquoi donc ?

**Solange** - Parce que la hache de guerre est déterrée, parce qu'ils ont voulu jouer aux mariolles et qu'à ce jeu là, ils ne sont pas sûrs de gagner, parce que nous aussi on sait jouer. A partir de maintenant, c'est œil pour œil, dent pour dent, alors pour le four, on tire au sort, plus question de faire des cadeaux.

**Élise** - Il ne manquerait plus qu'on leur soit redevable, faisons-le à pile ou face.

**Nanard** - Après tout comme vous voulez, si tout le monde est d'accord *(Il sort une pièce.)* Alors pile je gagne, face vous perdez. On y va ? *(Il lance la pièce.)* Face ! Perdu ! A nous la première cuisson.

**Pierre** - Attendez, il n'y a pas quelque chose…?

**Martine** - Ne discute pas, Pierre, après tout, il faut savoir être beau joueur.

**Pierre** - Il est vrai que ce soir, nous ne sommes pas pressés, la cuisson du chapon peut attendre.

**Nanard** - Bon et ben, si la question est réglée, je retourne en cuisine pour vider mes sardines, parce que si j'utilise le four en premier, je ne voudrais tout de même pas abuser de votre patience.

**Pierre** - Quoi, vous allez cuire des sardines dans le four !

**Nanard** - Ben oui, on ne va pas les manger crues.

**Martine** - Vous n'allez pas faire ça ?

**Nanard** - Ben si pourquoi ?

**Pierre** - Mais l'odeur, vous avez déjà fait cuire des sardines dans un four, c'est infect, vous croyez peut-être qu'on va manger un chapon à la sardine pour notre réveillon.

**Solange** - Oh ça suffit, arrêtez de pinailler, vous avez perdu, vous avez perdu, un point c'est tout, qu'est-ce que vous pouvez être désagréable.

**Pierre** - Martine !

**Martine** - Oui Pierre ?

**Pierre** - Ce soir, j'ai envie de te faire un serment, tu m'entends Martine ?

**Martine** - Oui Pierre.

**Pierre** - Martine, je te jure que plus jamais, je dis bien plus jamais nous réveillonnerons à la montagne.

Fin de l'acte 2

# Acte 3

*Le rideau s'ouvre, outre le paravent, un mur de cartons sépare la table en deux, d'un côté de la table, Martine et la mamie en robe de chambre, Martine prépare le petit déjeuner, Mamie est dans le fauteuil. De l'autre côté du mur de cartons, Nanard et Pépé, ils portent des chapeaux de réveillon, des serpentins autour du cou, ils mangent une soupe.*

**NANARD** - L'important c'est surtout de ne pas pleurer.

**MARTINE** - Je suis follement inquiète.

**NANARD** - Je sais que ce n'est pas facile, mais ça reste une question de volonté, si on le veut on peut stopper les larmes.

**MARTINE** - Jamais je n'aurais dû la laisser sortir avec le temps qu'il fait dehors, c'est de la pure inconscience.

**NANARD** - Il suffit de se dire que ce n'est qu'un mauvais moment à passer.

**MARTINE** - J'espère qu'elle n'est pas sous la neige, elle qui n'est jamais trop couverte.

Nanard - Personnellement, je suis toujours attentif aux écarts de températures.

Martine - Avec leurs sous-pulls qui leur arrivent au-dessus du nombril.

Nanard - Trop d'écart de température, ça les ramollit.

Martine - Les jeunes ne savent plus s'habiller.

Nanard - Parce qu'à bonne température, faut dire que leurs peaux s'enlèvent plus facilement.

Martine - Si je suis inquiète c'est à cause de ce que racontent les journaux.

Nanard - Moi je prends toujours un couteau très affûté.

Martine - On lit et on entend tellement de choses.

Nanard - C'est plus facile pour les découper en fines lamelles.

Martine - Nous vivons une époque tellement bizarre.

Nanard - Ce que j'adore, c'est quand le couteau s'enfonce. La première fois, ça fait comme un bruit de craie qu'on casse.

Martine - Nous sommes entourés de psychopathes, de pervers, de sérial killers comme disent les journalistes.

Nanard - C'est à partir de cet instant précis qu'il faut être solide, ne pas craquer, surtout pas.

Martine - Le pire c'est que ce genre d'individus peut ressembler à monsieur tout le monde.

Nanard - Je me rappelle que la toute première fois que je l'ai fait, j'ai pleuré comme un veau, c'était un peu normal, je n'avais pas d'expérience.

**Martine** - Certains d'entre eux sont des récidivistes notoires mais on leur donnerait le bon Dieu sans confession.

**Nanard** - C'est fou comme on s'habitue quand je pense avec quelle facilité je le fais à présent.

**Martine** - On croit les connaître et dès qu'on leur tourne le dos, ils vous retournent la peau comme on pèle un oignon.

**Nanard** - Solange ! Il reste de la soupe ? Dis-moi Pépé, est-elle bonne la soupe au moins ?

**Pépé** - Une petite goutte ? Je veux bien.

**Nanard** - Ah ah... Il ne perd jamais le nord le pépé... Non ! Je te parle de la soupe, la soupe à l'oignon, c'est moi qui l'ai faite, et j'ai découpé tous les oignons sans même verser une larme, tu mesures l'exploit ? *(Il lui verse un peu de vin dans son assiette.)* Allez pépé, ça tue les vers !

*Entrée de Pierre d'un côté et de Solange de l'autre.*

**Pierre** - Bonjour ma chérie, alors bien dormi ?

**Solange** - Je vais te faire une confidence, je tombe de sommeil, je crois bien que je ne vais pas tarder à aller me coucher.

**Martine** - Non mais je dois reconnaître que quelques instants de relaxation m'ont fait le plus grand bien.

**Nanard** - Diable, déjà huit heures.

**Pierre** - A la bonne heure, à propos d'heure, quelle heure est-il ?

**Solange** - Huit heures, ce n'est pas possible, il est grand temps que j'aille sous la couette me reposer les yeux.

**Martine** - Pierre, sais-tu que Charlotte n'est toujours pas rentrée.

**Nanard** - Dis-moi donc Solange, te rappelles-tu du prénom de la petite qui est partie avec les gosses ?

**Pierre** - Ne te soucie pas, elle n'est pas toute seule, il ne peut rien lui arriver.

**Solange** - Charlotte je crois, une bien gentille petite.

**Martine** - Je me demande quelle mouche a pu la piquer ainsi ! Je parle de son idée subite de vouloir réveillonner à l'extérieur.

**Nanard** - Dommage qu'elle ne soit pas restée, je lui aurai appris à éplucher les oignons.

**Pierre** - Si ça se trouve ce n'est pas plus mal, Charlotte est si... extravagante par moments, si elle était restée, elle aurait peut-être cherché à sympathiser avec les autres.

**Solange** - En tous cas, je suis ravie qu'elle ait réussi à copiner avec les nôtres parce qu'avec les parents coincés qu'elle a, la pauvre petite elle n'est pas aidée.

**Martine** - Réflexion faite, tu as raison, contaminée par l'ambiance d'à côté, si ça se trouve on l'aurait retrouvée épluchant des oignons.

**Nanard** - Ça tu l'as dit.

**Pierre** - Des oignons ? Quelle drôle d'idée.

**Solange** - Contrairement aux autres, elle, au moins a l'air sympathique.

**Pierre** - Quand je pense aux tarés dégénérés d'à côté, ils ont poussé le vice jusqu'à repasser trois fois de suite la danse des canards.

**Nanard** - Finalement même sans les gosses on a tout de même réussi à rigoler pas vrai mon canard ?

**Martine** - Toi aussi tu les as entendus, ils sont d'un vulgaire, je n'ai encore jamais entendu un tel sans gêne.

**Solange** - Et t'as vu Pépé, il danse encore bien pour son âge.

**Pierre** - Martine, ne le prends pas mal, mais vois-tu, il y a des moments où j'aimerais bien être comme ta mère.

**Nanard** - Le rythme dans la peau, pas vrai Pépé, toujours souple à ton âge.

**Pierre** - N'est-ce pas Mamie, vous au moins vous avez bien dormi, pas vrai que c'est parfois pratique d'être sourde ?

**Pépé** - Non merci pas de fromage.

**Mamie** - Des palourdes à cette heure ? Vous êtes fatigué mon gendre.

**Nanard** - Je n'ai pas parlé de fromage, j'ai dit à ton âge, c'est pas pareil, t'as du gruyère dans les oreilles.

**Pierre** - Des palourdes, oui Mamie, c'est ça mais uniquement des légères, comme vous pas lourdes du tout. Elle ferait bien d'y aller à Lourdes, on ne sait jamais, un petit miracle.

**Solange** - Nanard, ça suffit maintenant, sinon ça va barder, tu sais bien que je n'aime pas qu'on se moque de Pépé.

**Martine** - Pierre, ton humour devient parfaitement déplacé, cesse de passer ta mauvaise humeur sur Mamie, elle n'est pas responsable de ton réveillon que je sache.

**NANARD** - Si tu le prends comme ça je vais me coucher.

*Il sort.*

**PIERRE** - Puisque ma présence devient inopportune même auprès de ma propre femme, je préfère m'en aller.

*Il sort.*

**SOLANGE** - Et monsieur ne se demande même pas qui va se taper la vaisselle, ça c'est trop fort !

*Elle ramasse la soupière et les assiettes puis sort.*

**MARTINE** - En vingt-cinq ans de mariage, notre première querelle, mais que nous arrive-t-il ?

*Elle sort. Pépé sort une pipe de sa poche, la bourre puis se fouille afin de trouver du feu, après avoir regardé autour de lui, il s'aventure de l'autre côté du paravent.*

**MAMIE** - Qu'est-ce que c'est ?

**PÉPÉ** - Faites excuses, Madame, je ne veux pas déranger, je viens voir par hasard, si vous avez du feu ?

**MAMIE** - Qu'est-ce que vous voulez ?

**PÉPÉ** - J'aurai voulu du feu pour ma pipe.

**MAMIE** - Non je n'ai pas la grippe, mais sait-on jamais.

**PÉPÉ** - Vous n'auriez pas une petite allumette ou un briquet ?

**MAMIE** - Un biquet ? Probablement en train de sautiller dans la montagne avec sa mère. Vous n'avez pas l'air bien méchant, c'est comment votre nom ?

**Pépé** - Du saumon ? Oui, mais alors fumé… à propos de fumer, vous n'auriez pas du feu ?

**Mamie** - Vous n'avez pas de chance je ne fume pas, vous voulez un petit chewing-gum à la place.

**Pépé** - Si je commence à mâcher, mon dentier va se décrocher.

**Mamie** - C'est l'inconvénient des dentiers, c'est esthétique mais ce n'est pas toujours pratique.

**Pépé** - A qui le dites-vous ! Bon ben pour la pipe on verra plus tard, on va se contenter d'une petite prise. Vous avez déjà prisé ?

**Mamie** - Non, mais je suis curieuse d'apprendre.

**Pépé** - Tenez, tendez votre pouce, oui comme ça, vous voyez une petite cuvette se creuser entre le pouce et le poignet ? Il n'y a plus qu'à remplir. Vous vous bouchez une narine et de l'autre vous inspirez un grand coup comme ça, *(Il le fait.)* à vous !

*Elle s'exécute.*

**Mamie** - Oh là là, c'est fort, ça vous remet les idées en place.

**Pépé** - Ça vous plaît ?

**Mamie** - Pas vraiment. En tout cas, c'est excitant, je l'avais jamais fait.

**Pépé** - On apprend à tout âge comme on dit, je m'appelle Timothée et vous ?

**Mamie** - Moi c'est Valentine, mais depuis le temps qu'ils m'appellent tous Mamie, j'avais failli oublier mon prénom.

**Pépé** - Ben moi c'est pareil, ils passent leur temps à

m'appeler pépé, pépé, pépé, pépé, pépé, pépé des fois on dirait une vieille mobylette qui démarre.

**Mamie** - Alors vous aussi vous faites la sourde oreille quand ils vous interpellent.

**Pépé** - Ben oui, ils sont bien gentils mais avec eux, il faudrait qu'on ait un avis sur tout.

**Mamie** - Il faudrait sans cesse commenter leurs idées, leurs décisions.

**Pépé** - Et comme en plus ils ne tiennent aucun compte de ce qu'on dit…

**Mamie** - En nous prenant à chaque fois pour des vieux gâteux…

**Pépé** - Au bout du compte, vaut mieux se taire.

**Mamie** - On passe parfois pour une andouille, oui, mais au moins on a la paix !

**Pépé** - A qui le dites-vous...

*Entrée d'Élise.*

**Élise** - Mais qu'est-ce qu'il fait dans notre camp celui-là ! Encore en train de fouiner.

**Pépé** - Du feu, je cherche du feu.

**Élise** - Non seulement il fouine mais en plus il voudrait nous incendier ce pyromane. Je me doutais qu'il était dangereux ce vieux débris !

**Mamie** - Il voulait simplement du feu.

**Élise** - Qu'est qu'il y a maman ? Tu comprends quelque chose à présent ? Comment sais-tu ce qu'il veut ?

**Mamie** - Ben oui des œufs peut-être !

**Élise** - Ah bon, tu m'as fait peur. *(Elle prend un balai.)* Toi le vieux chimpanzé, tu ne bouges pas où je t'assomme. *(Elle lui tend une chaise.)* Assis !

*Pépé s'exécute, elle prend des torchons et entreprend de l'attacher.*

**Pépé** - Mais... qu'est-ce que vous faites, vous êtes folle... détachez-moi ! Au secours ! Valentine, aidez-moi !

*Elle le bâillonne, puis se tournant vers Mamie.*

**Élise** - Valentine ? Mais, comment... Il connaît ton prénom ? Répond ! Il t'a appelée Valentine !

**Mamie** - Non pas sur la table de la cuisine.

**Élise** - Maman, voyons, tu déraisonnes, ce type est dangereux, je ne peux pas le laisser faire, si je le détache, il va rameuter toute sa tribu, je crains les représailles... Je ne peux pourtant pas le laisser avec Maman, il semblerait qu'ils aient eu le temps de sympathiser. Que faire ? Si je les laisse, Maman va s'empresser de le délivrer dès que j'aurai tourné les talons, d'un autre côté, je ne peux pas rester en robe de chambre toute la journée, il me faut m'habiller... Tant pis, aux grands maux les grands remèdes. Excuse-moi Maman, ça ne va pas durer longtemps. *(Elle prend un torchon et lui attache les pieds.)* Ne t'inquiète pas, c'est un jeu. Ce n'est pas la peine que je t'attache les mains, avec l'arthrose que tu as dans les doigts, je sais que tu ne pourras pas défaire les nœuds.

**Mamie** - Voyons Élise, détache-moi.

**Élise** - Tu veux aller voir les chamois, mais il est encore trop tôt maman.

**Mamie** - Détache-moi que je te dis.

**Élise** - D'accord avant midi, je ne sais pas ce que j'ai, d'un seul coup, je n'entends plus rien. Allez à tout de suite.

*Elle sort.*

**Mamie** - Élise, Élise, reviens, je te dis... C'est ta mère qui te le demande... Ah la sale gosse !

**Pépé** - Hun, hun.

**Mamie** - Ne vous énervez pas Timothée, restons calmes, nous allons trouver une solution.

**Pépé** - Hun, hun.

**Mamie** - Remarquez, je ne lui en veux pas, cette pauvre Élise a toujours eu des réactions excessives, enfant déjà, elle m'en faisait voir de toutes les couleurs.

**Pépé** - Hun, hun.

**Mamie** - C'est pourtant une brave petite, vous savez.

**Pépé** - Hun, hun.

**Mamie** - Mais je vois que le sujet ne semble pas vous passionner, peut-être voudriez-vous être délivré ?

**Pépé** - Hun, hun.

**Mamie** - Je ne vous promets rien, mais je veux bien essayer, toutefois, je ne voudrais pas que quelqu'un découvre que je ne suis pas sourde, vous me comprenez n'est-ce pas ?

**Pépé** - Hun, hun.

**Mamie** - Comment faire ! Oh j'ai une idée, lançons une bouteille à la mer.

**Pépé** - Hun, hun.

**Mamie** - Mais je n'ai pas de bouteille et il n'y a pas de mer ! Pourquoi faut-il que ce soit toujours plus compliqué dans la vie qu'au cinéma qu'en pensez-vous Timothée ?

**Pépé** - Hun, hun.

**Mamie** - Si nous étions dans un film, je serais l'héroïne et j'aurais à ma disposition une bouteille, du papier et un stylo plume, je rédigerais alors un S.O.S. joliment calligraphié, puis je sifflerais, un pigeon voyageur viendrait alors se poser sur mon épaule et je lui confierais ma bouteille.

**Pépé** - Hun, hun, hun.

**Mamie** - Vous avez raison, c'est absurde un pigeon ne pourrait jamais porter une bouteille, il faudrait le remplacer par un pélican peut-être, ce serait plus judicieux.

**Pépé** - Hun, hun.

**Mamie** - Oh pauvre Timothée et moi qui suis là à disserter… Voyons qu'ai-je à ma disposition ? A part ce magazine… Comment pourrais-je attirer l'attention ? J'ai une idée, je vais faire une fusée. *(Elle découpe une feuille du magazine et entreprend de confectionner une fusée en papier.)* Valentine, ma vieille tu es géniale !

Comme dirait Charlotte. Timothée, vous allez bientôt être libéré, un-deux-trois. *(La fusée s'écrase.)* Il me faut me rendre à l'évidence, ce n'est pas à franchement parler une réussite technologique - saloperie d'arthrose !

**Pépé** - Hun, hun.

**Mamie** - Pas de découragement hâtif, ceci n'était qu'un premier essai, nous allons essayer une autre tactique… Valentine fais donc marcher ta vieille caboche... Mais si ! La voilà la solution. *(Elle prend sa chaussure.)* J'espère que ceci pourra les alerter.

*Elle lance sa chaussure. Arrivée de Nanard.*

**Nanard** - Allons bon, voilà autre chose... Des chaussures volantes à présent, si on les laisse faire, ils vont nous balancer leurs poubelles dans pas longtemps ! *(Il reprend la chaussure et la relance de l'autre côté.)* Hé, ce n'est pas une décharge ici ! *(Mamie prend son autre chaussure et la lance de l'autre côté.)* Ah mais ! C'est qu'ils insistent ! C'est pour un ressemelage ou quoi ? Il n'y a pas écrit cordonnerie ici ! Alors gardez vos... Oh ! *(Il regarde au-dessus du paravent.)* Pépé ! C'est pas vrai ! Bouge pas, j'arrive. *(Il se précipite, bousculant les cartons sur son passage, il détache Pépé.)* Ah les sauvages, les bandits si c'est pas malheureux !

**Pépé** - Hun, hun.

**Nanard** - Ils sont fous à lier, fous à lier.

**Pépé** - Hun, hun.

**Nanard** - Oui j'ai vu, toi aussi t'es lié, t'inquiète pas Pépé, je vais te délier... Ça va Pépé ?

**Pépé** - Content de te voir Nanard, content de te voir.

NANARD - Qui c'est qui t'a fait ça Pépé, évidemment tu ne peux pas me le dire, mais ne t'inquiète pas Pépé, la revanche sera terrible !

PÉPÉ - Pendant que tu y es tu pourrais bien détacher la petite dame, mon garçon.

NANARD - Ils ont même attaché leur mémé, ils sont vraiment barjos, quand la patronne va savoir ça, elle va leur crever les yeux. Ça va Mémé ?

MAMIE - Monsieur, vous êtes très aimable je vous remercie.

NANARD - Vous savez, il ne faut pas rester dans une famille comme ça, faut aller voir l'assistante sociale, faut porter plainte, on vous aidera, ça se passera pas comme ça.

MAMIE - Eh oui, monsieur qui vivra verra.

NANARD - Vivra verra... Ah oui des verrats, ça vous pouvez le dire... Des sacrés cochons ouais ! *(Entrée de Pierre.)* Cochon de bourreau ! Vous devriez avoir honte.

*Il lui jette deux ou trois cartons.*

PIERRE *(se protégeant)* - Mais arrêtez, calmez-vous, vous êtes malade, arrêtez je vous dis.

MARTINE *(arrivant)* - Mais enfin Monsieur, je vous en prie, vous dépassez les bornes, calmez-vous ou j'appelle la police.

NANARD - Justement vous faites bien d'en parler, c'est moi qui vais l'alerter.

PIERRE *(se redressant)* - Et qu'est-ce que vous allez leur dire ? Que vous agressez les gens à coup de cartons ? Que vous envahissez leur territoire en marchant allègrement sur les promesses de la veille, en sautant joyeusement sur les accords conclus, c'est ça que vous allez leur dire ?

**NANARD** - Je vais seulement leur signaler la présence de maniaques qui persécutent le troisième âge, de fous dangereux qui attachent les vieux sur des chaises pendant des heures, qui les martyrisent sans cesse, voilà ce que je vais leur dire.

**MARTINE** - Qu'est-ce que vous racontez ?

**NANARD** - Oh faites pas les incrédules, au royaume des aveugles, les borgnes n'ont pas de lunettes vous m'avez compris.

**PIERRE** - Mais enfin, expliquez-vous plus clairement !

**NANARD** - Arrêtez de faire l'âne pour avoir de la salade.

**MARTINE** - Et vous arrêtez de déformer les proverbes, c'est agaçant à la fin.

**NANARD** - C'est toujours moins agaçant que d'attacher des petits vieux sur une chaise.

**PIERRE** - Mais qu'est-ce que vous racontez ! On est en plein délire.

**NANARD** *(ramassant les torchons)* - Et ça c'est du délire peut-être, demandez donc à Pépé s'il était content quand je l'ai trouvé attaché. Votre grand-mère aussi était logée à la même antenne.

**PIERRE** - La même antenne ?

**MARTINE** - Il veut dire la même enseigne.

**NANARD** - En tous cas, elle aussi avait les pieds attachés.

**Pierre** - Non !

**Nanard** - Si Monsieur !

**Pierre** - Non, ce n'est pas possible, tous les deux attachés, je ne vous crois pas…

**Nanard** - Si je vous le dis.

**Pierre** - Mais qui aurait...

**Nanard** - Ben un de vous pardi !

**Pierre** - Monsieur je vous jure…

**Nanard** - Taratata facile de jurer !

**Pierre** - Monsieur, vous me connaissez mal, je n'ai qu'une parole, tenez je vous jure sur ce que j'ai de plus cher.

**Nanard** - Sur qui ?

**Pierre** - Sur la tête de mon entreprise, Monsieur.

**Martine** - C'est donc ça que tu as de plus cher, et bien merci c'est agréable allez maman viens t'habiller.

*Elles sortent. Le pépé sort également.*

**Nanard** - J'ai comme l'impression que vous l'avez vexée vot' bourgeoise.

**Pierre** - Ah bon, vous croyez ?

**Nanard** - Au fait, c'est quoi votre boîte ?

**Pierre** - L'entreprise Duchamel, vous connaissez ?

**Nanard** - C'est pas vrai ! Un peu que je connais ! Et qu'est-ce que vous y faites ?

**Pierre** - Je suis directeur du département recherche.

**Nanard** - Et bien vous devez pas chercher beaucoup, ça j'aurais du m'en douter.

**Pierre** - Mais pourquoi dites-vous ça, je ne vous permets pas...

**Nanard** - Ben moi, je me permets, parce que je vais vous dire, l'entreprise Duchamel, ça me connaît, ça fait vingt-cinq ans que j'y travaille dans l'entreprise Duchamel, à part que moi je ne suis pas au chaud dans les bureaux de Paris, non, moi je suis au montage dans les ateliers de province, alors pour vous dire, le résultat des géniales trouvailles du service de recherche de l'entreprise Duchamel, je le vois tous les jours. Avec les copains de l'atelier, des fois, qu'est-ce qu'on rigole, on se dit toujours si on tenait le tordu qu'a inventé ce système. Ah je vous jure ! Et vous faites des études pour en arriver là ? Et bien chapeau !

**Pierre** - Vous ne pensez pas que vous exagérez un peu ?

**Nanard** - Que j'exagère ! C'est bien simple, prenons un exemple : la pièce référencée E 4123, ça vous dit quelque chose ?

**Pierre** - E 4123, oui, je vois, c'est une petite pièce.

**Nanard** - Dites-moi pourquoi vous lui avez pas mis un joint à cette petite pièce, c'était trop simple ? Non, au lieu de ça, vous l'avez soudée avec la pièce B 740. Vous savez combien elle coûte la B 740 ?

**Pierre** - Ah non, la facturation, ce n'est pas mon rayon.

**Nanard** - Evidemment, vous vous en foutez puisque ce n'est pas votre rayon, je vais vous le dire moi, la pièce B 740 elle coûte

1630 Francs hors taxes, je dis bien hors taxes, résultat quand vous avez une pièce E 4123 défectueuse au lieu de la payer vingt francs plus cinq francs de joint, vous la payez vingt francs + cinq francs de joint + 1630 francs ce qui nous fait 1655 francs hors taxes, conclusion, les acheteurs, ils regardent ailleurs, parce que faut pas croire, c'est la crise partout même chez les pigeons, à force de se faire plumer y en a de moins en moins, au bout du compte, ils achètent à Taïwan ou ailleurs, en tous cas pas à l'entreprise Duchamel, ce qui veut dire : plus de bénéfices donc suppressions d'emplois et qui c'est qui se fait virer en premier ? Non, non pas le directeur du service "Recherche" de l'entreprise Duchamel, ça coûterait trop cher en indemnités, non on commence à virer un gars comme Nanard, c'est tellement plus pratique.

PIERRE - Mais écoutez, c'est tout à fait intéressant ce que vous me dites là et… vous en avez beaucoup des exemples comme ça ?

NANARD - Des exemples, vous rigolez ! A la tonne que j'en ai, c'est bien simple, on pourrait y passer le réveillon.

PIERRE - Ah ah, vous êtes un sacré plaisantin, Monsieur Nanard, vous permettez que je vous appelle Nanard ?

NANARD - Allez y a qu'à mettre ! A condition de laisser tomber le Monsieur. Moi c'est Monsieur ou c'est Nanard mais pas Monsieur Nanard.

PIERRE - Ok Nanard, reçu cinq sur cinq, il doit rester quelques huîtres, ça vous dirait pour commencer la journée ?

NANARD - D'accord, mais je fournis le blanc pour mettre en route la chaudière.

**Pierre** - Tapez là, allons y... Alors comme ça vous aviez d'autres exemples à me raconter.

**Nanard** - Oh ben oui, des tonnes, je vous dis.

*Ils sortent. Eclats de rire, en coulisse, entrée de Charlotte, Gaby et David.*

**David** - Charlotte, tu es impayable, tu es vraiment trop "fun" mais où donc vas-tu chercher tout ça ?

**Charlotte** - Cherche pas, c'est génétique, je tiens ça de ma tante, tu sais la tante Élise, celle que tu connais.

**Gaby** - Ah oui, celle avec qui on a tout de suite sympathisé.

**Charlotte** - Tu l'as dit ma Gaby !

**David** - En tous cas, on a bien fait de se tirer parce que vu l'ambiance torride, bonjour la fête ! J'imagine que ça a dû être l'éclate entre eux.

**Charlotte** - T'as raison, je vois le tableau d'ici !

**Gaby** - Vous savez moi quand j'étais petite, à chaque nouvelle année, je faisais un vœu.

**David** - Ah bon, vas-y, sort la, ta creuse !

**Gaby** - Non, non, c'est pas une blague. A chaque nouvel an, je faisais le même vœu, j'espérais très fort qu'il n'y aurait plus de guerres, plus de conflits, j'espérais que d'un seul coup les gens s'embrasseraient dans la rue, s'offriraient des fleurs, j'imaginais que tout le monde ferait pousser des sourires pour récolter de l'amour, que la saint Valentin deviendrait Fête Nationale, et qu'à la place de se dire bonjour on se dirait simplement je t'aime.

**David** - Ouais ben en attendant c'est pas gagné.

**Gaby** - En grandissant, je suis devenue beaucoup moins exigeante tu sais.

**Charlotte** - Si simplement dans une seule maison, on pouvait arrêter de se faire la gueule ce ne serait déjà pas si mal.

*Entrée d'Élise.*

**Élise** - Mais qu'est-ce que tu fais avec ces voyous, Charlotte, tu n'es qu'une sale petite collabo.

**David** - A peine réveillée ça commence à aboyer.

**Élise** - Qu'avez-vous fait de la mamie et du grand-père, répondez !

**David** - On les a envoyés faire du ski à cette heure ci, ils essayent la piste noire.

**Élise** - Charlotte, réponds-moi, je ne suis pas d'humeur à plaisanter.

**Charlotte** - Mais si tante Élise, tu peux le croire, toutefois, je dois te l'avouer, Mamie avait quelques craintes à propos de la piste noire, elle m'a confié qu'elle allait sans doute commencer par une piste rouge, histoire de se mettre en jambe.

**Élise** - Petite pisseuse, je vais t'apprendre à te moquer de moi, allez file dans ta chambre.

**Charlotte** - Ma chère Tante, tes attitudes dictatoriales, figure-toi que je commence à en avoir soupé.

*Entrée de Martine et de la mamie.*

**Martine** - Charlotte a parfaitement raison et résume tout à fait mon opinion alors Élise, je te le dis posément maintenant ça suffit.

**Élise** - Martine, ne me dis pas que toi aussi...

**Martine** - Élise, je t'ai dit ça suffit, Maman m'a tout raconté.

*Entrée de Solange.*

**Solange** - Elle est où, la cinglée, la ravagée, ah la voilà, viens ici que je t'étripe.

**Élise** - Au secours !

**Martine** - Ecoutez, je comprends ce que vous ressentez, ma mère m'a expliqué pour le pépé, mais je vous en prie, essayons de faire la paix voulez-vous, après tout, c'est la nouvelle année...

**Solange** - D'accord, laissez-moi lui crever les yeux et ensuite on fait la paix.

**Martine** - S'il vous plaît soyez raisonnable.

**Solange** - Entendu, je veux bien faire des concessions, juste un œil, alors !

**Élise** - Martine, ne me laisse pas.

**Martine** - Madame, cessez ce jeu cruel.

**Solange** - Et elle, vous croyez qu'elle a eu pitié du pépé.

*Entrée du pépé.*

**Pépé** - Solange, ça suffit maintenant.

**Solange** - Pépé te mêle pas de ça je t'expliquerai...

**Pépé** - Solange, je te dis que ça suffit.

**Solange** - Mais enfin Pépé.

**Pépé** - T'es sourde ou quoi ma fille ?

**Élise** - Bien, maintenant que tout le monde s'est calmé, on reprend ses marques, chacun dans son territoire, d'accord ?

**Mamie** *(elle renverse le paravent)* - Élise ça suffit tes enfantillages, tu ne vas pas recommencer à semer la zizanie.

**Élise** - Maman, je te conseille de regagner ta chambre... Il est temps de faire un petit repos.

*Elle fait les gestes pour signifier qu'il est l'heure de dormir.*

**Mamie** - Cesse de prendre ta mère pour une demeurée, tu nous as assez gâché le réveillon, alors maintenant écoute-moi, tu te réconcilies avec tout le monde ou tu t'en vas.

**Charlotte** - Bien parlé Mamie ! Dis donc t'es stéréo câblée maintenant ? C'est super !

**Mamie** - Mais oui ma p'tite Charlotte, vois-tu il y a des moments où on ne peut plus faire la sourde oreille.

**Charlotte** - Sacrée cachottière, qu'est-ce que tu as dû te marrer parfois en nous entendant.

**David** - A moi Pépé, deux mots, ôte-moi donc d'un doute... Toi aussi, comme la mamie ?

**Pépé** - Affirmatif fiston, alors pour une fois vous allez m'écouter, je ne vous ai jamais rien demandé, mais en cette nouvelle année si vous voulez me faire plaisir, offrez-moi au moins une journée de calme, une journée sans engueulade, vous voulez bien ?

**Gaby** - Bien parlé Pépé ! Vous vous rendez compte ? Mon vœu pourrait enfin se réaliser au moins dans cette maison.

**Charlotte** - Oui si tout le monde veut bien y mettre du sien. Allons soyons sympa pour faire plaisir au pépé et à Gaby pour leurs étrennes, cessons de nous engueuler, vous voulez bien ? Maman qu'est-ce que t'en penses ?

**Martine** - Tu sais bien ma chérie que s'il ne tenait qu'à moi...

**Gaby** - Et toi maman qu'en penses-tu ?

**Solange** - Si le pépé le veut je ne peux rien lui refuser.

*Entrée de Nanard et de Pierre.*

**Nanard** - Solange, tu es là, j'ai une grande nouvelle à t'annoncer !

**Solange** - Bonne année je sais !

**Nanard** - Tu ne crois pas si bien dire, Solange, je suis nommé attaché de direction.

**Solange** - Attaché comme le pépé ?

**Nanard** - Non je vais être adjoint du directeur du service de recherche.

**Solange** - Et qu'est-ce que tu devras faire ?

**Nanard** - La même chose que ce que je fais depuis vingt-cinq ans, critiquer l'entreprise Duchamel, mais à partir de maintenant je vais être payé pour le faire.

**Pierre** - Et bien voilà une année qui commence bien dirait-on, je constate que tout le monde à l'air satisfait. Ah non peut-être pas vous ma chère Élise, mais peut-être est-ce mieux ainsi, trop de bonheur vous ferait du mal.

**Mamie** - Ne soyez pas cynique Pierre ce rôle vous va très mal, Élise, sois patiente, le bonheur, ça s'apprend… Tout le monde n'est pas forcément doué pour, et toi peut-être moins que les autres, mais tu peux compter sur moi, dorénavant, j'essaierai d'être ton professeur.

**Élise** - Oh Maman !

*Elle tombe dans les bras de la mamie, en pleurant.*

**Pépé** - C'est pas le tout de rigoler, je ne sais pas si vous êtes comme moi mais je crève de faim.

**Solange** - Il suffit d'accommoder les restes.

**Martine** - Si j'osais je vous inviterais bien à partager les nôtres.

**Pierre** - Ne sois pas gênée, c'est une très bonne idée, et puis je vais te faire une confidence, t'as de beaux restes tu sais.

**Martine** - Gros bêta va.

**Charlotte** - Allez les jeunes, assez bavardé on débarrasse et on réveillonne.

**Gaby** - Et surtout on n'oublie pas de se dire…

**Tous** - Bonne Année !

## AVIS IMPORTANT

Cette pièce de théâtre fait partie du répertoire de la Société des Auteurs et Compositeurs Dramatiques, 11 bis rue Ballu 75442 PARIS Cedex 09. Tél. : 01 40 23 44 44. Elle ne peut donc être jouée sans l'autorisation de cette société.

Nous conseillons d'en faire la demande avant de commencer les répétitions.

## ATTENTION

Aux termes du Code de la propriété intellectuelle, toute reproduction ou représentation, intégrale ou partielle de la présente publication, faite par quelque procédé que ce soit (reprographie, microfilmage, scannérisation, numérisation...) sans le consentement de l'éditeur est illicite (article L. 122-4 du Code de la propriété intellectuelle) et constitue une contrefaçon sanctionnée par les articles L. 335-2 et suivants du même Code.

Première édition, dépôt légal : avril 1998

N° d'édition : 982401

ISBN : 2-84422-023-1